ATYS,

TRAGEDIE

REPRESENTE'E POUR LA PREMIERE FOIS
PAR L'ACADÉMIE ROYALE
DE MUSIQUE
en 1676.

Remiſe au Théâtre le Dimanche 23. Decembre 1725.

Le prix eſt de quarante ſols.

Imprimé à Roüen, & ſe vend,

A PARIS,

Chez la Veuve de PIERRE RIBOU, ſeul Libraire de l'Académie Royale de Muſique; Quai des Auguſtins, à la deſcente du Pont-Neuf, à l'Image S. Loüis.

M. DCC. XXV.

Avec Approbation & Privilege du Roy.

PRIVILEGE DU ROY.

LOUIS par la grace de Dieu Roi de France & de Navarre: A nos amés & feaux Conseillers les gens tenant nos Cours de Parlement, Maîtres des Requêtes ordinaires de notre Hôtel, Grand Conseil, Prevôt de Paris, Baillifs, Senechaux, leurs Lieutenans Civils, & autres nos Justiciers qu'il appartiendra, Salut. Les Sieurs Besnier Avocat en Parlement, Chomat, Duchesne, & de la Val de S. Pont, Bourgeois de notre bonne ville de Paris, Nous ont fait remontrer, qu'en consequence de l'Arrêt de notre Conseil du 12. Decembre 1712. du Traité fait entre eux & les Sieurs de Francine & Dumont le 24 desd. mois & an, & de nos Lettres Patentes du 8. Janvier ensuivant, confirmatives du Traité, ils auroient acquis le Privilege de faire representer les Opera durant le tems de vingt années, à compter du 10. Aout 1712. ainsi que le Privilege de la vente des Paroles desd. Opera, lesquelles ils desireroient faire imprimer pour les donner au Public, s'il Nous plaisoit leur accorder nos Lettres de Privilege sur ce necessaires. A CES CAUSES desirant favorablement traiter les Exposans, attendu les charges dont l'Académie Royale de Musique se trouve oberée, & les grandes dépenses qu'il convient de faire tant pour l'impression que pour la gravûre en taille-douce des Planches dont ce Livre sera ornés, Nous leur avons permis & permettons par ces Presentes de faire imprimer & graver les Paroles & la Musique de tous lesd. Opera, qui ont été ou qui seront representez par l'Académie Royale de Musique, tant separément que conjointement, en telle forme, marge, caractere, nombre de volumes & de fois que bon leur semblera, & de les faire vendre & debiter par tout notre Royaume pendant le tems de dix neuf années consecutives, à compter du jour de la date desdites Presentes. Faisons défenses à toutes personnes, de quelque qualité & condition qu'elles puissent être, d'en introduire d'impression étrangere dans aucun lieu de notre obéïssance; & à tous Imprimeurs, Libraires, Graveurs, & autres, d'imprimer, faire imprimer, vendre, faire vendre, debiter, ni contrefaire lesdites impressions, planches & figures, en tout ni en partie, sans la permission expresse & par écrit desdits Sieurs Exposans, ou de ceux qui auront droit d'eux, à peine de confiscation des Exemplaires contrefaits, de six mille liv. d'amende contre chacun des contrevenans, dont un tiers à Nous, un tiers à l'Hôtel-Dieu de Paris, l'autre tiers ausdits Sieurs Exposans, & de tous dépens, dommages & interêts; à la charge que ces Presentes seront enregistrées tout au long sur le Registre de la Communauté des Imprimeurs & Libraires de Paris, & ce dans trois mois de la date d'icelles; que la gravûre & impression desdits Opera sera faite dans notre Royaume & non ailleurs, en bon papier & en beaux caracteres, conformement aux Reglemens de la Librairie, & qu'avant de les exposer en vente il en sera mis deux Exemplaires dans notre Bibliotheque publique, un dans celle de notre Château du Louvre, & l'autre dans celle de notre tres-cher & feal Chevalier Chancelier de France le Sieur Phelypeaux, Comte de Pontchartrain, Commandeur de nos Ordres, le tout à peine de nullité des Presentes, du contenu desquelles vous mandons & enjoignons de faire joüir lesd. Sieurs Exposans, ou leurs ayant cause, pleinement & paisiblement, sans souffrir qu'il leur soit fait aucun trouble ou empêchement. Voulons que la copie desdites Presentes, qui sera imprimée au commencement ou à la fin desd. Opera, soit tenuë pour dûëment signifiée, & qu'aux copies collationnées par l'un de nos amés & feaux Conseillers & Secretaires foi soit ajoûtée comme à l'Original. Commandons au premier notre Huissier ou Sergent de faire pour l'execution d'icelles tous Actes requis & necessaires, sans demander autre permission, & nonobstant Clameur de Haro, Charte Normande & Lettres à ce contraires: Car tel est notre plaisir. Donné à Versailles le 20. jour d'Aout l'an de Grace 1713 & de notre Regne le soixante-onziéme. Par le Roi en son Conseil signé BESNIER avec paraphe, & scellé.

Nous avons cedé à M. Ribou le present Privilege suivant le Traité fait avec lui le 17. Juillet dernier 1713. A Paris le 22. Aout 1713. Signé BESNIER.

Registré sur le Registre avec la Cession, n. 3. de la Communauté des Libraires & Imprimeurs de Paris, page 648. n. 741. conformément aux Reglemens, & notamment à l'Arrêt du 3. Aoust 1703. Fait à Paris ce 11. Septembre 1713. L. JOSSE, Syndic.

Acteurs & Actrices chantans dans tous les Chœurs du Prologue & de la Tragedie.

CÔTE' DU ROY.	CÔTE' DE LA REINE.
Mesdemoiselles	Mesdemoiselles
Dun.	Millon.
Antier-C.	La Roche.
Souris-C.	Tettelette.
Dutilliée.	Charlard.
Kerquof.	Perignon.
Gentilhomme.	Ducoudray.
Julie.	

Messieurs	Messieurs
Flamand.	Corbie.
Bremond.	Morand.
Saint Martin.	Le Myre-L.
Loüette.	Bertin.
Deshayes.	Valentier.
Duplessis.	Dautrep.
Buzeau.	Corail.
Naudé.	Houbeau.
Cuvillier.	Duchêne.

ACTEURS CHANTANS DU PROLOGUE.

LE TEMS, M. Thevenard.

Les Heures du jour & de la nuit.

LA DE'ESSE FLORE, Mlle Ermans.

UN ZEPHIR, M. Cuvillier.

Troupes de Nymphes chantantes de la suite de Flore.

MELPOMENE, *Muse tragique*, Mlle Antier-C.

LA DE'ESSE IRIS, Mlle Dun.

ACTEURS DANSANS DU PROLOGUE.

SUITE DE FLORE.

Messieurs P-Dumoulin, Dangeville, Maltaire-C. Lamotte.

Mademoiselle Menés.

Mesdemoiselles la Ferriere, Petit, Binet, Goblain.

SUITE DE MELPOMENE.

HEROS.

Messieurs Myon, Pierret, Savar, Tabary, Esex, Picard.

Mademoiselle Delisle-L. *à la suite de Flore.*

Mademoiselle Menès & Mademoiselle Delisle-L. *dans les Songes agréables.*

PROLOGUE

PROLOGUE.

Le Théatre represente le Palais du Temps, où ce Dieu paroît au milieu des douze Heures du Jour, & de douze Heures de la Nuit.

LE TEMPS.

En vain j'ai respecté la célébre mémoire
Des Héros des siecles passez;
C'est en vain que leurs Noms si fameux dans l'Histoire,
Du sort des noms communs ont été dispensez.
Nous voions un HEROS dont la brillante gloire
Les a presque tous effacez.

Chœur des Heures.

Ses justes Loix,
Ses grands Exploits
Rendront sa mémoire éternelle :

PROLOGUE.

Chaque Jour, chaque Instant
Ajoûter encore à son Nom éclatant
Une gloire nouvelle.

La Déesse Flore conduite par un des Zéphirs, s'avance avec une Troupe de Nymphes qui portent divers ornemens de Fleurs.

LE TEMPS.

La Saison des frimats peut-elle nous offrir
Les Fleurs que nous voions paroître?
Quel DIEU les fait renaître
Lorsque l'Hyver les fait mourir?
Le Froid cruel régne encore;
Tout est glacé dans les champs,
D'où vient que Flore
Devance le Printemps?

FLORE.

Quand j'attens les beaux Jours, je viens toûjours trop tard,
Plus le Printemps s'avance, & plus il m'est contraire;
Son retour presse le départ
Du HEROS à qui je veux plaire.
Pour lui faire ma cour, mes soins ont entrepris
De braver desormais l'Hyver le plus terrible,
Dans l'ardeur de lui plaire on a bien-tôt apris
A ne rien trouver d'impossible.

PROLOGUE.

LE TEMPS & FLORE.

Les Plaisirs à ses yeux ont beau se presenter,
Si-tôt qu'il voit Bellone, il quitte tout pour elle ;
Rien ne peut l'arrêter
Quand la Gloire l'appelle.

Le Chœur des Heures répete ces deux derniers Vers.

La Suite de Flore commence des Jeux mêlez de Danses & de Chants.

UN ZEPHIR.

LE Printemps quelquefois est moins doux qu'il ne semble,
Il fait trop paier ses beaux Jours ;
Il vient pour écarter les Jeux & les Amours,
Et c'est l'Hiver qui les rassemble.

MELPOMENE *qui est la Muse qui préside à la Tragedie, vient accompagnée d'une Troupe de Heros, elle est suivie d'Hercule, d'Antæe, de Castor, de Pollux, de Lyncée, d'Idas, d'Eteocle, & de Polinice.*

MELPOMENE *parlant à Flore.*

REtirez-vous, cessez de prévenir le Temps ;
Ne me dérobez point de precieux instants :
La puissante Cybele

PROLOGUE.

Pour honorer Atys qu'elle a privé du jour,
Veut que je renouvelle
Dans une illustre Cour
Le souvenir de son amour.

Que l'agrément rustique
De Flore & de ses Jeux,
Cede à l'appareil magnifique
De la Muse tragique,
Et de ses Spectacles pompeux.

La Suite de Melpomene prend la place de la Suite de Flore.

Les Heros recommencent leurs anciennes querelles.

HERCULE *combat & lutte contre Antæe, Castor & Pollux combattent contre Lyncée & Idas, & Eteocle combat contre son Frere Polynice.*

IRIS, *par l'ordre de Cybele, descend assise sur son Arc, pour accorder Melpomene & Flore.*

IRIS, *parlant à* MELPOMENE.

Cybele veut que Flore aujourd'hui vous seconde.
Il faut que les Plaisirs viennent de toutes parts,
Dans l'Empire puissant, où regne un nouveau MARS,
Ils n'ont plus d'autre asile au monde.

Rendez-vous, s'il se peut, dignes de ses regards;
Joignez la beauté vive & pure
Dont brille la Nature,
Aux ornemens des plus beaux Arts.

Iris remonte au Ciel sur son Arc, & la Suite de Melpomene s'accorde avec la Suite de Flore.

MELPOMENE *&* FLORE.

Rendons-nous, s'il se peut, dignes de ses regards:
Joignons la beauté vive & pure
Dont brille la Nature,
Aux ornemens des plus beaux Arts.

LE TEMPS, *& le Chœur des Heures.*

Préparez de nouvelles Fêtes,
Profitez du loisir du plus grand des HEROS.

LE TEMPS, MELPOMENE *&* FLORE.

Préparez } de nouvelles Fêtes,
Préparons }
Profitez } du loisir du plus grand des HEROS.
Profitons }

Tous ensemble.

Le tems des jeux, & du repos,
Lui sert à méditer de nouvelles Conquêtes.

Fin du Prologue.

ACTEURS DE LA TRAGEDIE.

ATYS, *Parent de Sangaride, & Favori de Celænus Roi de Phrygie.* Monsieur Murayre.

IDAS, *Ami d'Atys & frere de la Nymphe Doris.* Monsieur Dun.

SANGARIDE, *Nymphe, fille du Fleuve Sangar.* Mademoiselle le Maure.

DORIS, *Nymphe, amie de Sangaride, & sœur d'Idas.* Mad[lle] Ecremau.

Troupe de Phrygiens, & de Phrygiennes.

CIBELE, Mademoiselle Antier.

MELISSE, *Confidente & Prêtresse de Cybele.* Mademoiselle Souris. L.

CELÆNUS, *Roi de Prygie, fils de Neptune, & Amant de Sangaride.* Monsieur Thevenard.

Troupe de Suivans de Celænus. Troupe de Zephirs. Troupe de Peuples differents qui viennent à la Fête de Cybele.

LE DIEU DU SOMMEIL, Monsieur Tribou.

MORPHE'E, Monsieur Grenet.

PHOBETOR. Monsieur Chassé.

PHANTASE. Monsieur Mantienne.

Troupe de Songes agréables. Troupe de Songes funestes.

Un Songe funeste. Monsieur Valantier.

LE DIEU DU FLEUVE SANGAR, *Pere de Sangaride.* Mr Dubourg.

Troupe de Dieux de Fleuves, de Ruisseaux, & de Nymphes de Fontaines.

Acteurs dansans de la Tragedie.

PREMIER ACTE.

Prygiens & Pygiennes.

Monsieur Blondy.

Messieurs du Moulin L., Mion, Laval, Savar, Mesdemoiselles de Lisle L., Duval, Pety, Tiber.

SECOND ACTE.

Peuples divers.

Monsieur D. Dumoulin.

Messieurs Dumoulin L., Laval, Savar, Dangeville, Pierret, Maltaire, L. Mesdemoiselles de Lisle, la Feriere, Pety, Duval, le Maire, Tiber.

TROISIE'ME ACTE.

Songes Agréables.

Messieurs F. Dumoulin, P. Dumoulin, Dangeville, Maltaire L., Lamotte, Picar, Esex. Mesdemoiselles la Feriere, Tiber, Pety, la Martiniere, de Lisle C., Binet.

Songes funestes.

Monsieur Maltaire, C.

Messieurs Dumoulin L., Mion, Laval, Savilier, Tabary, Savar.

QUATRIE'ME ACTE.

Le Fleuve Sangard, Fleuves & Nereides.

Messieurs Pierret, Tabary, Savar, Picard.

Mesdemoiselles Duval, le Maire, Verdun, Tiber.

Vieux Fleuves & Fontaines.

Messieurs Maltaire L., Esels. Mesdemoiselles de Lisle C., Binet.

Ruisseaux & Fontaines.

Le petit Jouailier, le petit Mercier. La petite Rabodon, la petite Gilon.

ATYS.

ATYS,

TRAGEDIE.

ACTE PREMIER.

Le Theatre represente une Montagne consacrée à Cybele.

SCENE PREMIERE.

ATYS.

ALLONS, allons, accourez tous,
Cybele va descendre.
Trop heureux Phrygiens, venez ici l'attendre.
Mille Peuples seront jaloux

ATYS.

Des faveurs que ſur nous
Sa bonté va répandre.

SCENE SECONDE.

IDAS, ATYS.

ALlons, allons, accourez tous,
Cybele va deſcendre.

ATYS.

Le Soleil peint nos champs des plus vives couleurs,
Il a ſeché les pleurs
Que ſur l'émail des prez a répandu l'Aurore,
Et ſes raïons nouveaux ont déja fait éclore
Mille nouvelles fleurs.

IDAS.

Vous veillez lorſque tout ſommeille;
Vous nous éveillez ſi matin,
Que vous ferez croire à la fin
Que c'eſt l'Amour qui vous éveille.

ATYS.

Non, tu dois mieux juger du parti que je prens.
Mon cœur veut fuïr toûjours les ſoins & les miſteres;
J'aime l'heureuſe paix des cœurs indifferens;

Si leurs plaisirs ne sont pas grands,
Au moins leurs peines sont legeres.

IDAS.

Tôt ou tard l'Amour est vainqueur,
En vain les plus fiers s'en défendent,
On ne peut refuser son cœur
A de beaux yeux qui le demandent.
Atys, ne feignez plus, je sçais vôtre secret.
Ne craignez rien, je suis discret.
Dans un bois solitaire & sombre,
L'indifferent Atys se croïoit seul, un jour;
Sous un feüillage épais où je rêvois à l'ombre,
Je l'entendis parler d'amour.

ATYS.

Si je parle d'amour, c'est contre son empire,
J'en fais mon plus doux entretien.

IDAS.

Tel se vante de n'aimer rien,
Dont le cœur en secret soûpire.
J'entendis vos regrets, & je les sçais si bien
Que si vous en doutez je vais vous les redire.
Amans qui vous plaignez, vous êtes trop heureux:
Mon cœur de tous les cœurs est le plus amoureux,
Et tout prés d'expirer je suis réduit à feindre;
Que c'est un tourment rigoureux
De mourir d'amour sans se plaindre!
Amans qui vous plaignez, vous êtes trop heureux.

ATYS.

Idas, il eſt trop vrai, mon cœur n'eſt que trop tendre,
L'Amour me fait ſentir ſes plus funeſtes coups.
Qu'aucun autre que toi n'en puiſſe rien apprendre.

SCENE TROISIEME.

SANGARIDE, DORIS, ATYS, IDAS.

SANGARIDE, & DORIS.

ALlons, allons, accourez tous,
Cybele va deſcendre.

SANGARIDE.

Que dans nos concerts les plus doux,
Son nom ſacré ſe faſſe entendre.

ATYS.

Sur l'Univers entier ſon pouvoir doit s'étendre.

SANGARIDE.

Les Dieux ſuivent ſes loix & craignent ſon couroux.

ATYS, SANGARIDE, IDAS, DORIS.

Quels honneurs! quels reſpects ne doit-on point lui rendre?
Allons, allons, accourez tous,
Cybele va deſcendre.

SANGARIDE.

Ecoutons les oiseaux de ces bois d'alentour,
Ils rempliſſent leurs chants d'une douceur nouvelle,
On diroit que dans ce beau jour,
Ils ne parlent que de Cybele.

ATYS.

Si vous les écoutez, ils parleront d'amour.
Un Roi redoutable,
Amoureux, aimable,
Va devenir vôtre époux ;
Tout parle d'amour pour vous.

SANGARIDE.

Il eſt vrai, je triomphe, & j'aime ma victoire.
Quand l'Amour fait régner, eſt-il un plus grand bien ?
Pour vous, Atys, vous n'aimez rien,
Et vous en faites gloire.

ATYS.

L'Amour fait trop verſer de pleurs ;
Souvent ſes douceurs ſont mortelles :
Il ne faut regarder les Belles
Que comme on voit d'aimables fleurs.
J'aime les Roſes nouvelles,
J'aime à les voir s'embellir,
Sans leurs épines cruelles,
J'aimerois à les cueillir.

SANGARIDE.

Quand le peril eſt agreable,
Le moien de s'en allarmer?
Eſt-ce un grand mal de trop aimer
Ce que l'on trouve aimable?
Peut-on être inſenſible aux plus charmans appas?

ATYS.

Non vous ne me connoiſſez pas.
Je me défens d'aimer autant qu'il m'eſt poſſible;
Si j'aimois, un jour, par malheur,
Je connois bien mon cœur
Il ſeroit trop ſenſible.
Mais il faut que chacun s'aſſemble près de vous,
Cybele pourroit nous ſurprendre.

ATYS, & IDAS

Allons, allons, accourez tous,
Cybele va deſcendre.

SCENE QUATRIEME.

SANGARIDE, DORIS,

SANGARIDE.

ATys eſt trop heureux.

DORIS.

L'amitié fut toûjours égale entre vous deux,

Et le sang d'assez près vous lie:
Quel que soit son bonheur, lui portez-vous envie?
Vous, qu'aujourd'hui l'Hymen avec de si beaux nœuds
Doit unir au Roy de Phrygie?

SANGARIDE.

Atys, est trop heureux.
Souverain de son cœur, maître de tous ses vœux,
Sans crainte, sans mélancolie,
Il joüit en repos des beaux jours de sa vie;
Atys ne connoît point les tourmens amoureux,
Atys est trop heureux.

DORIS.

Quel mal vous fait l'Amour? vôtre chagrin m'étonne.

SANGARIDE.

Je te fie un secret qui n'est sçû de personne.
Je dévrois aimer un Amant
Qui m'offre une Couronne;
Mais, helas! vainement
Le Devoir me l'ordonne,
L'Amour, pour mon tourment,
En ordonne autrement.

DORIS.

Aimeriez-vous Atys, lui dont l'indifference
Brave avec tant d'orgüeil l'Amour & sa puissance?

SANGARIDE.

J'aime, Atys, en secret, mon crime, est sans témoins.
Pour vaincre mon amour, je mets tout en usage,
J'appelle ma raison, j'anime mon courage;
Mais à quoi servent tous mes soins?
Mon cœur en souffre davantage,
Et n'en aime pas moins.

DORIS.

C'est le commun deffaut des Belles
L'ardeur des conquêtes nouvelles.
Fait negliger les cœurs qu'on a trop tôt charmez,
Et les Indifferens sont quelquefois aimez
Aux dépens des Amans fidelles.
Mais vous vous exposez à des peines cruelles.

SANGARIDE.

Toûjours aux yeux d'Atys je serai sans appas;
Je le sçai, j'y consens, je veux, s'il est possible,
Qu'il soit encor plus insensible,
S'il me pouvoit aimer, que deviendrois-je? helas!
C'est mon plus grand bonheur qu'Atys ne m'aime pas.
Je prétens être heureuse, au moins en apparence?
Au destin d'un grand Roi je me vais attacher.

SANGARIDE, & DORIS.

Un amour malheureux dont le devoir s'offense,
Se doit condamner au silence;

Un

Un amour malheureux qu'on nous peut reprocher,
Ne ſçauroit trop bien ſe cacher.

SCENE CINQUIE'ME.

ATYS, SANGARIDE, DORIS.

ATYS.

ON voit dans ces campagnes
Tous nos Phrigiens s'avancer.

DORIS.

Je vais prendre ſoin de preſſer
Les Nymphes nos Compagnes.

SCENE SIXIE'ME.

ATYS, SANGARIDE.

ATYS.

SAngaride, ce jour, eſt un grand jour pour vous.

SANGARIDE.

Nous ordonnons tous deux la Fête de Cybele,
L'honneur eſt égal entre nous.

ATYS.

Ce jour même un grand Roi doit être vôtre époux,
Je ne vous vis jamais ſi contente & ſi belle;

Que le ſort du Roi ſera doux !

SANGARIDE.

L'indifferent Atys n'en ſera point jaloux.

ATYS.

Vivez tous deux contens, c'eſt ma plus chere envie;
J'ai preſſé vôtre hymen, j'ai ſervi vos amours.
Mais enfin ce grand jour, le plus beau de vos jours,
Sera le dernier de ma vie.

SANGARIDE.

O Dieux !

ATYS.

Ce n'eſt qu'à vous que je veux révéler
Le ſecret deſeſpoir où mon malheur me livre;
Je n'ai que trop ſçû feindre, il eſt tems de parler;
Qui n'a plus qu'un moment à vivre,
N'a plus rien à diſſimuler.

SANGARIDE.

Je fremis, ma crainte eſt extrême;
Atys, par quel malheur faut-il vous voir perir?

ATYS.

Vous me condamnerez vous-même,
Et vous me laiſſerez mourir.

SANGARIDE.

J'armerai, s'il le faut, tout le pouvoir ſuprême....

ATYS.

Non, rien ne me peut ſecourir,
Je meurs d'amour pour vous, je n'en ſçaurois guerir;

SANGARIDE.

Quoi! vous?

ATYS.

Il eſt trop vrai.

SANGARIDE.

Vous m'aimez?

ATYS.

Je vous aime.
Vous me condamnerez vous-même,
Et vous me laiſſerez mourir.
J'ai mérité qu'on me puniſſe,
J'offenſe un Rival généreux,
Qui par mille bienfaits a prévenu mes vœux:
Mais je l'offenſe en vain, vous lui rendez juſtice;
Ah! que c'eſt un cruel ſuplice
D'avoüer qu'un Rival eſt digne d'être heureux!
Prononcez mon arrêt, parlez ſans vous contraindre.

SANGARIDE.

Hélas!

ATYS.

Vous ſoûpirez? je vois couler vos pleurs?
D'un malheureux amour plaignez-vous les douleurs?

SANGARIDE.

Atys, que vous feriez à plaindre
Si vous ſçaviez tous vos malheurs!

ATYS.

Si je vous perds, & ſi je meurs,
Que puis-je encore avoir à craindre?

SANGARIDE.

C'eſt peu de perdre en moi ce qui vous a charmé,
Vous me perdez, Atys, & vous êtes aimé.

ATYS.

Aimé! qu'entens-je? ô Ciel! quel aveu favorable!

SANGARIDE.

Vous en ſerez plus miſerable.

ATYS.

Mon malheur en eſt plus affreux,
Le bonheur que je perds doit redoubler ma rage;
Mais n'importe, aimez-moi, s'il ſe peut, d'avantage,
Quand j'en devrois mourir cent fois plus malheureux.

SANGARIDE.

Si vous cherchez la mort, il faut que je vous ſuive;
Vivez, c'eſt mon amour qui vous en fait la loi.

ATYS.

Hé comment ! hé pourquoi
Voulez-vous que je vive,
Si vous ne vivez pas pour moi ?

ATYS, & SANGARIDE.

Si l'Hymen unissoit mon destin & le vôtre,
Que ses nœuds auroient eu d'attraits !
L'Amour fit nos cœurs l'un pour l'autre,
Faut-il que le devoir les sépare à jamais.

ATYS.

Devoir impitoïable !
Ah ! quelle cruauté !

SANGARIDE.

On vient, feignez encore, craignez d'être écouté.

ATYS.

Aimons un bien plus durable
Que l'éclat de la Beauté :
Rien n'est plus aimable
Que la liberté.

SCENE SEPTIEME

ATYS, SANGARIDE, DORIS, IDAS.

Chœur de Phrygiens chantans. Chœur de Phrygiennes chantantes. Troupe de Phrygiens dansans. Troupe des Phrygiennes dansantes.

Chœur de Phrygiens chantans.

Messieurs David, Aurat, Tiphaine, Moreau, Poyadon, Pulvigny, Serignan, Fernon l'aîné, Perchot, Aubert, le Maire, Deveslois, Frizon, Godonesche, Lanneau, & Paisible.

Trois Phrygiens dansans.

Messieurs Favier l'aîné, Magny, & Faüre.

Trois Nimphes Phrygiennes dansantes.

Messieurs Bonnard, Arnal, & Favier cadet.

ATYS.

Mais déja de ce Mont sacré
Le sommet paroît éclairé
D'une splendeur nouvelle.

SANGARIDE *s'avançant vers la Montagne.*

La Déesse descend, allons au-devant d'elle.

ATYS, *&* SANGARIDE.

Commençons, commençons
De célébrer ici sa fête solemnelle,
Commençons, commençons
Nos Jeux & nos chansons.

Le Chœur répete ces deux derniers Vers.

ATYS, *&* SANGARIDE.

Il est tems que chacun fasse éclater son zéle.

Venez, Reine des Dieux, venez,
Venez, favorable Cybele.

Les Chœurs répetent ces deux derniers Vers.

ATYS.

Quittez vôtre Cour immortelle,
Choisissez ces lieux fortûnez
Pour vôtre demeure éternelle.

Les Chœurs.

Venez, Reine des Dieux, venez.

SANGARIDE.

La Terre sous vos pas va devenir plus belle
Que le séjour des Dieux que vous abandonnez.

Les Chœurs.

Venez, favorable Cybele.

ATYS, & SANGARIDE.

Venez voir les Autels qui vous sont destinez.

ATYS, SANGARIDE, IDAS, DORIS, *& les Chœurs.*

Ecoutez un Peuple fidelle
Qui vous appelle,
Venez, Reine des Dieux, venez,
Venez, favorable Cybele.

SCENE HUITIEME.

LA Déesse Cybelle paroît sur son Char, & les Phrygiens & les Phrygiennes lui témoignent leur joie & leur respect.

CYBELE *sur son Char.*

VEnez tous dans mon Temple, & que chacun revere
Le Sacrificateur dont je vais faire choix :
Je m'expliquerai par sa voix,
Les vœux qu'il m'offrira seront sûrs de me plaire.
Je reçois vos respects, j'aime à voir les honneurs
Dont vous me presentez un éclatant hommage,
Mais l'homage des Cœurs
Est ce que j'aime davantage.
Vous devez vous animer
D'une ardeur nouvelle,
S'il faut honorer Cybele,
Il faut encore plus l'aimer.

CYBELE portée par son Char volant, se va rendre dans son Temple. Tous les Phrygiens s'empressent d'y aller, & répétent les quatre derniers Vers que la Déesse a prononcez.

Les Chœurs.

Nous devons nous animer
D'une ardeur nouvelle,
S'il faut honorer Cybele,
Il faut encore plus l'aimer.

Fin du premier Acte.

ACTE SECOND.

Le Théâtre change, & represente le Temple de Cybele.

SCENE PREMIERE.

CELÆNUS *Roi de Phrygie*, ATYS *Suivans de Cælenus.*

CELÆNUS.

N'AVANCEZ pas plus loin, ne ſuivez point mes pas;
Sortez. Toi ne me quitte pas.
Atys, il faut attendre ici que la Déeſſe
Nomme un grand Sacrificateur.

ATYS.

Son choix ſera pour vous, Seigneur; quelle triſteſſe
Semble avoir ſurpris vôtre cœur?

CELÆNUS.

Les Rois les plus puissans connoissent l'importance
D'un si glorieux choix :
Qui pourra l'obtenir étendra sa puissance
Par tout où de Cybele on révére les loix.

ATYS.

Elle honore aujourd'hui ces lieux de sa presence,
C'est pour vous préférer aux plus puissans des Rois.

CELÆNUS.

Mais quand j'ai vû tantôt la Beauté qui m'enchante,
N'as-tu point remarqué comme elle étoit tremblante ?

ATYS.

A nos jeux, à nos chants, j'étois trop apliqué,
Hors la Fête, Seigneur, je n'ai rien remarqué.

CELÆNUS.

Son trouble m'a surpris. Elle t'ouvre son ame ;
N'y découvres-tu point quelque secrete flâme ?
Quelque Rival caché ?

ATYS.

Seigneur, que dites-vous ?

CELÆNUS.

Le seul nom de Rival allume mon couroux.
J'ai bien peur que le Ciel n'ait pû voir sans envie
Le bonheur de ma vie,

Et si j'étois aimé mon sort seroit trop doux.
Ne t'étonnes point tant de voir la jalousie
Dont mon ame est saisie,
On ne peut bien aimer sans être un peu jaloux.

ATYS.

Seigneur, soiez content, que rien ne vous allarme;
L'Hymen va vous donner la Beauté qui vous charme,
Vous serez son heureux Epoux.

CELÆNUS.

Tu peux me rassûrer, Atys, je te veux croire,
C'est son cœur que je veux avoir,
Dis-moi s'il est en mon pouvoir?

ATYS.

Son cœur suit avec soin le Devoir & la Gloire,
Et vous avez pour vous la Gloire & le Devoir.

CELÆNUS.

Ne me déguise point ce que tu peux connoître.
Si j'ai ce que j'aime en ce jour,
L'Hymen seul m'en rend-t'il le maître?
La Gloire & le Devoir auront tout fait, peut-être,
Et ne laissent pour moi rien à faire à l'Amour.

ATYS.

Vous aimez d'un amour trop délicat, trop tendre.

CELÆNUS.

L'indifferent Atys ne le ſçauroit comprendre.

ATYS.

Qu'un Indifferent eſt heureux!
Il joüit d'un deſtin paiſible.
Le Ciel fait un preſent bien cher, bien dangereux,
Lorſqu'il donne un cœur trop ſenſible.

CELÆNUS.

Quand on aime bien tendrement
On ne ceſſe jamais de ſouffrir, & de craindre;
Dans le bonheur le plus charmant,
On eſt ingénieux à ſe faire un tourment,
Et l'on prend plaiſir à ſe plaindre.
Va ſonge à mon hymen, & voi ſi tout eſt prêt,
Laiſſe-moi ſeul ici, la Déeſſe paroît.

SCENE SECONDE.

CYBELE, CELÆNUS, MELISSE.

Troupe de Prêtreſſes de Cybele.

CYBELE.

JE veux joindre en ces lieux la gloire & l'abondance,
D'un Sacrificateur je veux faire le choix,
Et le Roi de Phrygie auroit la préférence
Si je voulois choiſir entre les plus grands Rois.

Le puissant Dieu des flots vous donna la naissance,
Un Peuple renommé s'est mis sous vôtre loi;
Vous avez sans mes soins, d'ailleurs, trop de puissance,
Je veux faire un bonheur qui ne soit dû qu'à moi.
Vous estimez Atys, & c'est avec justice,
Je prétens que mon choix à vos vœux soit propice,
C'est Atys que je veux choisir.

CELÆNUS.

J'aime Atys, & je voi sa gloire avec plaisir.
Je suis Roi, Neptune est mon pere,
J'épouse une Beauté qui va combler mes vœux:
Le souhait qui me reste à faire,
C'est de voir mon ami parfaitement heureux.

CYBELE.

Il m'est doux que mon choix à vos desirs réponde
Une grande Divinité
Doit faire sa félicité
Du bien de tout le monde.
Mais sur tout le bonheur d'un Roi cheri des Cieux
Fait le plus doux plaisir des Dieux.

CELÆNUS.

Le sang aproche Atys de la Nymphe que j'aime,
Son mérite l'égale aux Rois:
Il soûtiendra mieux que moi-même
La majesté suprême,
De vos divines loix.
Rien ne pourra troubler son zéle,

Son cœur s'eſt conſervé libre juſqu'à ce jour;
Il faut tout un cœur pour Cybele,
A peine tout le mien peut ſuffire à l'Amour.

CYBELE.

Portez à vôtre Ami la premiere nouvelle
De l'honneur éclatant où ma faveur l'apelle.

SCENE TROISIEME.

CYBELE, MELISSE.

CYBELE.

TU t'étonnes, Meliſſe, & mon choix te ſurprend?

MELISSE.

Atys vous doit beaucoup, & ſon bonheur eſt grand.

CYBELE.

J'ai fait encore pour lui plus que tu ne peux croire.

MELISSE.

Eſt-il pour un Mortel un rang plus glorieux?

CYBELE.

Tu ne vois que ſa moindre gloire;
Ce Mortel dans mon cœur eſt au-deſſus des Dieux.
Ce fut au jour fatal de ma derniere Fête
Que de l'aimable Atys je devins la conquête:

Je partis à regret pour retourner aux Cieux,
Tout m'y parut changé, rien n'y plût à mes yeux.
Je sens un plaisir extrême
A revenir dans ces lieux;
Où peut-on jamais être mieux,
Qu'aux lieux où l'on voit ce qu'on aime.

MELISSE.

Tous les Dieux ont aimé, Cybele aime à son tour.
Vous méprisiez trop l'Amour,
Son nom vous sembloit étrange,
A la fin il vient un jour
Où l'Amour se vange.

CYBELE.

J'ai crû me faire un cœur maître de tout son sort,
Un cœur toûjours exempt de trouble & de tendresse.

MELISSE.

Vous braviez à tort
L'Amour qui vous blesse;
Le cœur le plus fort
A des momens de foibesse.
Mais vous pouviez aimer, & descendre moins bas.

CYBELE.

Non, trop d'égalité rend l'amour sans appas.
Quel plus haut rang ai-je à prétendre?

Et dequoi mon pouvoir ne vient-il point à bout ?
Lorſqu'on eſt au-deſſus de tout,
On ſe fait pour aimer un plaiſir de deſcendre.
Je laiſſe aux Dieux les biens dans le Ciel préparé,
Pour Atys, pour ſon cœur, je quitte tout ſans peine,
S'il m'oblige à deſcendre, un doux penchant m'entraîne ;
Les cœurs que le Deſtin a le plus ſéparez,
Sont ceux qu'Amour unit d'une plus forte chaîne.
Fais venir le Sommeil ; que lui-même en ce jour,
Prenne ſoin ici de conduire
Les Songes qui lui font la Cour ;
Atys ne ſçait point mon amour,
Par un moïen nouveau je prétens l'en inſtruire.

Meliſſe ſe retire.

CYBELE.

Que les plus doux Zéphirs, que les Peuples divers,
Qui des deux bouts de l'Univers
Sont venus me montrer leur zéle,
Célébrent la gloire immortelle
Du Sacrificateur dont Cybelle a fait choix,
Atys doit diſpenſer mes loix,
Honorez le choix de Cybele.

SCENE

SCENE QUATRIEME.

LEs Zephirs paroiſſent dans un gloire élevée & brillante. Les Peuples differens qui ſont venus à la feſte de Cybele entrent dans le Temple, & tous enſemble s'éforcent d'honorer Atys, qui vient revétu des habits de grand Sacrificateur.

Cinq Zephirs joüants du Hautbois.

*Les Sieurs Philbert, Deſcotteau, Hotteterre, du Clos, & Plumet.

Troupe de Peuples differens chantans qui accompagnent Atys.

Meſſieurs Eſtival, Bernard, Tiphaine, Moreau, David, Poyadon, Pulvigny, Aurat, Perchot, Aubert, Gingan cadet, Rebel, Fernon l'aiſné, le Cointre, le Maire, Deveſlois, Lanneau, & Paiſible.

Six Indiens dançans. Monſieur Dolivet. Meſſieurs Chicanneau, Joubert, Foignard cadet, Mayeux, & Favier cadet.

Chœurs des Peuples & des Zephirs.

CElebrons la gloire immortelle
Du Sacrificateur dont Cybele a fait choix:
Atys doit diſpenſer ſes loix,
Honorons le choix de Cybele.

Que devant vous tout s'abaisse, & tout tremble ;
Vivez heureux, vos jours sont nostre espoir :
Rien n'est si beau que de voir ensemble
Un grand merite avec un grand pouvoir.
Que l'on benisse
Le Ciel propice,
Qui dans vos mains
Met le sort des Humains.

ATYS.

Indigne que je suis des honneurs qu'on m'adresse,
Je dois les recevoir au nom de la Déesse,
J'ose, puisqu'il luy plaist, lui presenter vos vœux :
Pour le prix de vostre zele,
Que la puissante Cybele
Vous rende à jamais heureux.

Chœurs des Peuples & des Zephirs.

Que a puissante Cybele
Nousl rende à jamais heureux.

Fin du second Acte.

ACTE TROISIEME.

Le Théâtre change & represente le Palais du grand Sacrificateur de Cybele.

SCENE PREMIERE.

ATYS *seul.*

QUE serve les faveurs que nous fait la Fortune
Quand l'Amour nous rend malheureux ?
Je perds l'unique bien qui peut combler mes vœux,
Et tout autre bien m'importune.
Que servent les faveurs que nous fait la Fortune
Quand l'Amour nous rend malheureux ?

SCENE SECONDE.

IDAS, DORIS, ATYS.

IDAS.

PEut-on ici parler ſans feindre?

ATYS.

Je commande en ces lieux, vous n'y devez rien craindre.

DORIS.

Mon frere eſt vôtre ami.

IDAS.

Fiez-vous à ma ſœur.

ATYS.

Vous devez avec moi partager mon bonheur.

IDAS, & DORIS.

Nous venons partager vos mortelles allarmes;
Sangaride les yeux en larmes
Nous vient d'ouvrir ſon cœur.

ATYS.

L'heure aproche où l'Hymen voudra qu'elle ſe livre
Au pouvoir d'un heureux époux.

IDAS, & DORIS.

Elle ne peut vivre
Pour un autre que pour vous.

ATYS.

Qui peut la dégager du devoir qui la presse?

IDAS, & DORIS.

Elle veut elle-même aux pieds de la Déesse
Déclarer hautement vos secretes amours.

ATYS.

Cybele pour moi s'interesse,
J'ose tout esperer de son divin secours....
Mais quoi, trahir le Roi! tromper son esperance!
De tant de biens reçûs est-ce la récompense?

IDAS, & DORIS.

Dans l'Empire amoureux
Le Devoir n'a point de puissance;
L'Amour dispence
Les Rivaux d'être généreux;
Il faut souvent pour devenir heureux
Qu'il en coûte un peu d'innocence.

ATYS.

Je souhaite, je crains, je veux, je me repens.

IDAS, & DORIS.

Verrez-vous un rival heureux à vos dépens?
Je ne puis me résoudre à cette violence.

ATYS, IDAS, & DORIS.

En vain, un cœur, incertain de son choix
Met en balance mille fois

L'Amour & la Reconnoissance,
L'Amour toûjours emporte la balance.

ATYS.

Le plus juste parti cede enfin au plus fort.
Allez, prenez soin de mon sort,
Que Sangaride ici se rende en diligence.

SCENE TROISIEME.

ATYS *seul.*

NOus pouvons nous flâter de l'espoir le plus doux
Cybele & l'Amour sont pour nous.
Mais du Devoir trahi j'entends la voix pressante
Qui m'accuse & qui m'épouvente.
Laisse mon cœur en paix, impuissante Vertu,
N'ai-je point assez combattu?
Quand l'Amour malgré toi me contraint à me rendre,
Que me demandes-tu?
Puisque tu ne peux me défendre,
Que me sert-il d'entendre
Les vains reproches que tu fais?
Impuissante Vertu laisse mon cœur en paix.
Mais le Sommeil vient me surprendre,
Je combats vainement sa charmante douceur.

Il faut laiſſer ſuſpendre
Les troubles de mon cœur.

Atys s'endort.

SCENE QUATRIE'ME.

LE Théâtre change & repreſente un Antre entouré de Pavots & de Ruiſſeaux, où le Dieu du Sommeil ſe vient rendre accompagné des Songes agréables & funeſtes.

ATYS *dormant.* LE SOMMEIL, MORPHE'E, PHOBETOR, PHANTASE, *Les Songes agréables. Les Songes funeſtes.*

Le Sommeil.	Monſieur le Roi.
Morphée.	Monſieur Langez.
Phobetor.	Monſieur Frizon.
Phantaſe.	Monſieur de la Foreſt.

Songes joüans de la Viole.

Songes joüans du Theorbe.

Autres joüans de la Flûte.

Onze Songes funeſtes chantans.

Monſieur Godoneſche chantant ſeul.

Meſſieurs Eſtival, Bernard, Pulvigny, Fernon l'aîné, Poyadon, Moreau Deveſlois, Gingan cadet, Serignan, & Tiphaine.

Neuf Songes agréables & funeſtes danſans.

Quatre ſonges agréables danſans.

Meſſieurs Favier l'aîné, Leſtang, Magny, & Faüre.

Monſieur de Beauchamps danſe ſeul au milieu des Songes funeſtes.

Quatre Songes funeſtes danſans.

Meſſieurs Mayeux, Peſant, Arnal, & Foignard l'aîné.

LE SOMMEIL.

Dormons, dormons tous;
Ah! que le repos eſt doux!

MORPHE'E.

Regnez, divin Sommeil, regnez ſur tout le monde,
Répandez vos pavots les plus aſſoupiſſans;
Calmez les ſoins, charmez les ſens,
Retenez tous les cœurs dans une paix profonde.

PHOBETOR.

Ne vous faites point violence,
Coulez, murmurez, clairs Ruiſſeaux,
Il n'eſt permis qu'au bruit des eaux
De troubler la douceur d'un ſi charmant ſilence.

LE

LE SOMMEIL, MORPHE'E, PHOBETOR, & PHANTASE.

Dormons, dormons tous,
Ah, que le repos est doux!

Les Songes agréables aprochent d'Atys, & par leurs chants, & par leurs danses, lui font connoître l'amour de Cybele, & le bonheur qu'il en doit esperer.

MORPHE'E.

ECoute, écoute Atys la gloire qui t'apelle,
Sois sensible à l'honneur d'être aimé de Cybele,
Joüis heureux Atys de ta félicité.

MORPHE'E, PHOBETOR, & PHANTASE.

Mais souviens-toi que la Beauté,
Quand elle est immortelle,
Demande la fidélité
D'une amour éternelle.

PHANTASE.

Que l'Amour a d'attraits
Lorsqu'il commence
A faire sentir sa puissance!
Que l'Amour a d'attraits
Lorsqu'il commence
Pour ne finir jamais.

Trop heureux un Amant
Qu'Amour exemte
Des peines d'une longue attente!

Trop heureux un Amant
Qu'Amour exemte
De crainte & de tourment!

PHOBETOR.

Goûte en paix chaque jour une douceur nouvelle,
Partage l'heureux ſort d'une Divinité,
Ne vante plus la liberté,
Il n'en eſt point du prix d'une chaîne ſi belle.

MORPHE'E, PHOBETOR, *&* PHANTASE.

Mais ſouviens-toi que la Beauté,
Quand elle eſt immortelle,
Demande la fidélité
D'une amour éternelle.

PHANTASE.

Que l'Amour a d'attraits
Lorſqu'il commence
A faire ſentir ſa puiſſance!
Que l'Amour a d'attraits
Lorſqu'il commence
Pour ne finir jamais!

Les ſonges funeſtes approchent d'Atys, & le menacent de la vengeance de Cybele s'il mépriſe ſon amour, & s'il ne l'aime pas avec fidélité.

UN SONGE FUNESTE.

GArde-toi d'offenſer un amour glorieux,
C'eſt pour toi que Cybele abandonne les Cieux
Ne trahis point ſon eſperance,

Il n'est point pour les Dieux de mépris innocent,
Ils sont jaloux des Cœurs, ils aiment la vengeance,
Il est dangereux qu'on offense
Un amour tout-puissant.

CHOEUR DE SONGES FUNESTES.

L'amour qu'on outrage
Se transforme en rage,
Et ne pardonne pas
Aux plus charmans appas.
Si tu n'aimes point Cybele
D'un amour fidelle,
Malheureux, que tu souffriras!
Tu periras:
Crains une vengeance cruelle,
Tremble, crains un affreux trépas.

Atys épouvanté par les Songes-funestes, se réveille en sursaut, le Sommeil & les Songes disparoissent avec l'Antre où ils étoient, & Atys se trouve dans le même Palais où il s'étoit endormi.

SCENE CINQUIEME.

ATYS, CYBELE, MELISSE.

ATYS.

VEnez à mon secours, ô Dieux! ô justes Dieux!

CYBELE.

Atys, ne craignez rien, Cybele, est en ces lieux.

ATYS.

Pardonnez au desordre où mon cœur s'abandonne ;
C'est un songe ....

CYBELE.

Parlez, quel songe vous étonne ?
Expliquez-moi vôtre embaras.

ATYS.

Les songes sont trompeurs, & je ne les croi pas.
Les plaisirs & les peines
Dont en dormant on est séduit,
Sont des chimeres vaines
Que le réveil détruit.

CYBELE.

Ne méprisez pas tant les songes
L'Amour peut emprunter leurs voix,
S'ils font souvent des mensonges,
Ils disent vrai quelquefois.
Ils parloient par mon ordre, & vous les devez croire.

ATYS.

O Ciel !

CYBELE.

N'en doutez point, connoissez vôtre gloire.
Répondez avec liberté,
Je vous demande un cœur qui dépend de lui-même.

ATYS.

Une grande Divinité
Doit s'assûrer toûjours de mon respect extrême.

CYBELE.

Les Dieux dans leur grandeur ſuprême
Reçoivent tant d'honneurs qu'ils en ſont rebutez,
Ils ſe laſſent ſouvent d'être trop reſpectez,
Ils ſont plus contens qu'on les aime.

ATYS.

Je ſçai trop ce que je vous doi
Pour manquer de reconnoiſſance....

****

SCENE SIXIEME.

SANGARIDE, CYBELE, ATYS, MELISSE.

SANGARIDE *ſe jettant aux pieds de Cybele.*

J'Ai recours à vôtre puiſſance,
Reine des Dieux, protegez-moi.
L'Interêt d'Atys vous en preſſe....

ATYS *interrompant Sangaride.*

Je parlerai pour vous, que vôtre crainte ceſſe.

SANGARIDE.

Tous deux unis des plus beaux nœuds....

ATYS *interrompant Sangaride.*

Le ſang & l'amitié nous uniſſent tous deux,
Que vôtre ſecours la délivre
Des loix d'un Hymen rigoureux,
Ce ſont les plus doux de ſes vœux
De pouvoir à jamais vous ſervir & vous ſuivre.

CYBELE.

Les Dieux ſont les protecteurs
De la liberté des cœurs.
Allez, ne craignez point le Roi ni ſa colere,
J'aurai ſoin d'appaiſer
Le Fleuve Sangar vôtre Pere;
Atys veut vous favoriſer,
Cybele en ſa faveur ne peut rien refuſer.

ATYS.

Ah! ç'en eſt trop...

CYBELE.

Non, non, il n'eſt pas neceſſaire
Que vous cachiez vôtre bonheur,
Je ne prétens point faire
Un vain myſtere
D'un amour qui vous fait honneur.
Ce n'eſt point à Cybele à craindre d'en trop dire.
Il eſt vrai, j'aime Atys, pour lui j'ai tout quitté,
Sans lui je ne veux plus de grandeur ni d'Empire,
Pour ma félicité
Son cœur ſeul peut ſuffire.
Allez, Atys lui-même ira vous garantir
De la fatale violence
Où vous ne pouvez conſentir.

Sangaride ſe retire.

CYBELE *parle à Atys.*

Laiſſez-nous, attendez mes ordres pour partir,
Je prétens vous armer de ma toute-puiſſance.

SCENE SEPTIE'ME

CYBELE, MELISSE.

CYBELE.

QU'Atys dans ſes reſpects mêle d'indifference!
L'ingrat Atys ne m'aime pas ;
L'Amour veut de l'amour, tout autre prix l'offenſe,
Et ſouvent le reſpect & la reconnoiſſance
Sont l'excuſe des cœurs ingrats.

MELISSE.

Ce n'eſt pas un ſi grand crime
De ne s'exprimer pas bien,
Un cœur qui n'aima jamais rien
Sçait peu comment l'amour s'exprime.

CYBELE.

Sangaride eſt aimable, Atys peut tout charmer,
Ils témoignent trop s'eſtimer,
Et de ſimples parens ſont moins d'intelligence :
Ils ſe ſont aimez dès l'enfance,
Ils pourroient enfin trop s'aimer.
Je crains une amitié que tant d'ardeur anime.
Rien n'eſt ſi trompeur que l'eſtime :
C'eſt un nom ſuppoſé
Qu'on donne quelquefois à l'amour déguiſé.
Je prétens m'éclaircir, leur feinte ſera vaine.

MELISSE.

Quels ſecrets par les Dieux ne ſont point pénétrez?

Deux cœurs à feindre préparez
Ont beau cacher leur chaîne,
On abuse avec peine
Les Dieux par l'Amour éclairez.

CYBELE.

Va, Melisse, donne ordre à l'aimable Zéphire
D'accomplir promptement tout ce qu'Atys desire.

SCENE HUITIEME.

CYBELE *seule.*

Espoir si cher, & si doux,
Ah! pourquoi me trompez-vous?
Des suprêmes grandeurs vous m'avez fait descendre,
Mille Cœurs m'adoroient, je les néglige tous,
Je n'en demande qu'un, il a peine à se rendre;
Je ne sens que chagrins, & que soupçons jaloux;
Est-ce le sort charmant que je devois attendre?
Espoir si cher, & si doux,
Ah! pourquoi me trompez-vous?
Hélas! par tant d'attraits falloit-il me surprendre?
Heureuse, si toûjours j'avois pû m'en défendre!
L'Amour qui me flâtoit me cachoit son couroux:
C'est donc pour me fraper des plus funestes coups,
Que le cruel Amour m'a fait un cœur si tendre?
Espoir si cher, & si doux,
Ah! pourquoi me trompez-vous?

Fin du troisiéme Acte.

ACTE

ACTE QUATRIEME.

Le Théâtre change, & represente le Palais du Fleuve Sangar.

SCENE PREMIERE.

SANGARIDE, DORIS, IDAS.

DORIS.

Quoi vous pleurez ?

IDAS.

D'où vient vôtre peine nouvelle ?

DORIS.

N'osez-vous découvrir vôtre amour à Cybéle ?

SANGARIDE.

Helas !

DORIS, & IDAS.

Qui peut encor redoubler vos ennuis ?

SANGARIDE.

Hélas! j'aime.... hélas! j'aime...

DORIS, & IDAS.

Achevez.

SANGARIDE.

Je ne puis.

DORIS, & IDAS.

L'Amour n'est guére heureux lorsqu'il est trop timide.

SANGARIDE.

Hélas! j'aime un perfide
Qui trahit mon amour;
La Déesse aime Atys, il change en moins d'un jour,
Atys comblé d'honneurs n'aime plus Sangaride.
Hélas! j'aime un perfide
Qui trahit mon amour.

DORIS, & IDAS.

Il nous montroit tantôt un peu d'incertitude;
Mais qui l'eut soupçonné de tant d'ingratitude.

SANGARIDE.

J'embarassois Atys, je l'ai vû se troubler:
Je croiois devoir révéler
Nôtre amour à Cybele;
Mais l'ingrat, l'infidéle,
M'empêchoit toûjours de parler.

DORIS, & IDAS.

Peut-on changer si-tôt quand l'Amour est extrême?

Gardez-vous, gardez-vous
De trop croire un transport jaloux.

SANGARIDE.

Cybele hautement déclare qu'elle l'aime,
Et l'ingrat n'a trouvé cet honneur que trop doux:
Il change en un moment, je veux changer de même,
J'accepterai sans peine un glorieux époux,
Je ne veux plus aimer que la grandeur suprême.

DORIS, & IDAS.

Peut-on changer si-tôt quand l'amour est extrême?
Gardez-vous, gardez-vous
De trop croire un transport jaloux.

SANGARIDE.

Trop heureux un cœur qui peut croire
Un dépit qui sert à sa gloire.
Revenez ma raison, revenez pour jamais,
Joignez-vous au Dépit pour étouffer ma flâme,
Réparez, s'il se peut, les maux qu'Amour m'a faits,
Venez rétablir dans mon ame
Les douceurs d'une heureuse paix;
Revenez, ma Raison, revenez pour jamais.

IDAS, & DORIS.

Une infidelité cruelle
N'efface point tous les appas
D'une infidelle,
Et la raison ne revient pas
Si-tôt qu'on la rappelle.

SANGARIDE.

Aprês une trahison
Si la raison ne m'éclaire,
Le dépit & la colere
Me tiendront lieu de raison.

SANGARIDE, DORIS, IDAS.

Qu'une premiere amour est belle?
Qu'on a peine à s'en dégager!
Que l'on doit plaindre un cœur fidelle
Lorsqu'il est forcé de changer.

SCENE SECONDE.

CELÆNUS, SUIVANS DE CELÆNUS, SANGARIDE, IDAS, & DORIS.

CELÆNUS.

Belle Nymphe, l'Hymen va suivre mon envie,
L'Amour avec moi vous convie
A venir vous placer sur un Trône éclatant,
J'aproche avec transport du favorable instant
D'où dépend la douceur du reste de ma vie:
Mais malgré les appas du bonheur qui m'attent,
Malgré tous les transports de mon ame amoureuse,
Si je ne puis vous rendre heureuse,
Je ne serai jamais content.

Je fais mon bonheur de vous plaire,
J'attache à vôtre cœur mes desirs les plus doux.

SANGARIDE.

Seigneur, j'obéïrai, je dépens de mon Pere,
Et mon Pere aujourd'hui veut que je sois à vous.

CELÆNUS.

Regardez mon amour, plûtôt que ma Couronne.

SANGARIDE.

Ce n'est point la grandeur qui me peut ébloüir.

CELÆNUS.

Ne sçauriez-vous m'aimer sans que l'on vous l'ordonne.

SANGARIDE.

Seigneur contentez-vous que je sçache obéïr,
En l'état où je suis, c'est ce que je puis dire....

SCENE TROISIEME.

ATYS, CELÆNUS, SANGARIDE, DORIS, IDAS, *Suivans de Celænus.*

CELÆNUS.

Votre cœur se trouble, il soûpire.

SANGARIDE.

Expliquez en vôtre faveur
Tout ce que vous voïez de trouble dans mon cœur.

CELÆNUS.

Rien ne m'allarme plus, Atys, ma crainte est vaine,
Mon amour touche enfin le cœur de la Beauté.

Dont je ſuis enchanté :
Toi qui fus témoin de ma peine ,
Cher Atys , ſois témoin de ma felicité.
Peux-tu la concevoir ? non , il faut que l'on aime,
Pour juger des douceurs de mon bonheur extrême,
Mais , prés de voir combler mes vœux ,
Que les momens ſont longs pour mon cœur amoureux !
Vos parens tardent trop , je veux aller moi-même
Les preſſer de me rendre heureux.

SCENE QUATRIEME.

ATYS, SANGARIDE.

ATYS.

QU'il ſçait peu ſon malheur ! & qu'il eſt déplorable !
Son amour méritoit un ſort plus favorable :
J'ai pitié de l'erreur dont ſon cœur s'eſt flâté.

SANGARIDE.

Epargnez-vous le ſoin d'être ſi pitoïable ,
Son amour obtiendra ce qu'il a mérité.

ATYS.

Dieux ! qu'eſt-ce que j'attends !

SANGARIDE.

Qu'il faut que je me vange,
Que j'aime enfin le Roi , qu'il ſera mon époux.

ATYS.

Sangaride, eh! d'où vient ce changement étrange?

SANGARIDE.

N'est-ce pas vous, ingrat, qui voulez que je change?

ATYS.

Moi!

SANGARIDE.

Quelle trahison!

Quel funeste couroux!

ATYS, & SANGARIDE.

Pourquoi m'abandonner pour une amour nouvelle?
Ce n'est pas moi qui rompt une chaîne si belle.

ATYS.

Beauté trop cruelle, c'est vous.

SANGARIDE.

Amant infidéle, c'est vous.

ATYS.

Ah! c'est vous, Beauté trop cruelle.

SANGARIDE.

Ah! c'est vous, Amant infidelle.

ATYS, & SANGARIDE

Beauté trop cruelle, c'est vous;
Amant infidelle, c'est vous,
Qui rompez des liens si doux.

SANGARIDE.

Vous m'avez immolée à l'amour de Cybele.

ATYS.

Il eſt vrai qu'à ſes yeux, par un ſecret effroi,
J'ai voulu de nos cœurs cacher l'intelligence :
Mais ce n'eſt que pour vous que j'ai craint ſa vengeance,
Et je ne la crains pas pour moi.
Cybele m'aime en vain, & c'eſt vous que j'adore.

SANGARIDE.

Aprés vôtre infidélité,
Auriez-vous bien là cruauté
De vouloir me tromper encore ?

ATYS.

Moi ! vous trahir ? vous le penſez ?
Ingrate, que vous m'offenſez !
Hé bien, il ne faut plus rien taire,
Je vais de la Déeſſe attirer la colere,
M'offrir à ſa fureur, puiſque vous m'y forcez...

SANGARIDE.

Ah ! demeurez, Atys, mes ſoupçons ſont paſſez;
Vous m'aimez, je le croi, j'en veux être certaine.
Je le ſouhaite aſſez,
Pour le croire ſans peine.

ATYS.

Je jure.

SANGARIDE.

Je promets.

ATYS, & SANGARIDE.

De ne changer jamais.

SANGARIDE.

SANGARIDE.

Quel tourment de cacher une ſi belle flâme.

ATYS.

Redoublons-en l'ardeur dans le fonds de nôtre ame.

ATYS, & SANGARIDE.

Aimons en ſecret, aimons-nous ?
Aimons pluſque jamais, en dépit des Jaloux.

SANGARIDE.

Mon Pere vient ici.

ATYS.

Que rien ne vous étonne;
Servons-nous du pouvoir que Cybele me donne,
Je vais préparer les Zéphirs
A ſuivre nos deſirs.

SCENE CINQUIE'ME.

SANGARIDE, CELÆNUS, LE DIEU DU FLEUVE SANGAR, TROUPE DE DIEUX DE FLEUVES, DE RUISSEAUX, ET DE DIVINITEZ DE FONTAINES.

Le Fleuve Sangar. Monſieur Godoneſche.

Suite du Fleuve Sangar chantans.

Meſſieurs La Foreſt, Rebel, Langez, le Roy, Moreau, Poyádon, Frizon, & Tiphaine cadet.

Fleuve jouant de la Flute.

Divinitez de Fontaines chantans & dansans.

Messieurs La Grille, Rebel, & Lanneau.

Fleuves dansans.

Messieurs Bonnard, Noblet, Joubert, & Favier cadet.

Vieilles Fontaines dansantes.

Messieurs Arnal, & Foignard l'aîné.

Vieux Fleuves dansans.

Messieurs Dolivet, & Foignard cadet.

Le Dieu du Fleuve Sangar.

O Vous, qui prenez part au bien de ma famille,
Vous, vénérables Dieux des Fleuves les plus grands,
Mes fidelles Amis, & mes plus chers Parens,
Voyez quel est l'Epoux que je donne à ma fille:
J'ai pris soin de choisir entre les plus grands Rois.

Chœur de Dieux de Fleuves.

Nous aprouvons vôtre choix.

Le Dieu du Fleuve Sangar.

Il a Neptune pour Pere,
Les Phrygiens suivent ses Loix;
J'ai crû ne pouvoir faire
Un choix plus digne de vous plaire.

Chœur de Dieux de Fleuves.

Tous d'une commune voix,
Nous aprouvons vôtre choix.

Le Dieu du Fleuve Sangar.

Que l'on chante, que l'on danse,
Rions tous lorsqu'il le faut;
Ce n'est jamais trop tôt
Que le plaisir commence.
On trouve bien-tôt la fin
Des jours de réjoüissance;
On a beau chasser le chagrin,
Il revient plûtôt qu'on ne pense.

Le Dieu du Fleuve Sangar, & le Chœur.

Que l'on chante, que l'on danse,
Rions tous lorsqu'il le faut,
Ce n'est jamais trop tôt
Que le plaisir commence:
Que l'on chante, que l'on danse,
Rions tous lorsqu'il le faut.

Dieux de Fleuves, Divinitez de Fontaines, & de Ruisseaux chantans, & dansans ensemble.

LA Beauté la plus severe
Prend pitié d'un long tourment,
Et l'Amant qui persevere
Devient un heureux Amant.

Tout est doux, & rien ne coûte,
Pour un cœur qu'on veut toucher,
L'onde se fait une route
En s'efforçant d'en chercher,
L'eau qui tombe goute-à-goute
Perce le plus dur Rocher.

***

L'Hymen seul ne sçauroit plaire,
Il a beau flâter nos vœux;
L'Amour seul a droit de faire
Les plus doux de tous les nœuds.
Il est fier, il est rebelle,
Mais il charme tel qu'il est,
L'hymen vient quand on l'appelle,
L'Amour vient quand il lui plaît.

***

Il n'est point de résistance
Dont le tems ne vienne à bout,
Et l'effort de la constance
A la fin doit vaincre tout.
Tout est doux, & rien ne coûte
Pour un cœur qu'on veut toucher,
L'onde se fait une route
En s'efforçant d'en chercher,
L'eau qui tombe goute-à-goute
Perce le plus dur Rocher.

***

L'Amour trouble tout le Monde,
C'eſt la ſource de nos pleurs ;
C'eſt un feu brûlant dans l'onde,
C'eſt l'écüeil des plus grands cœurs :
Il eſt fier, il eſt rebelle,
Mais il charme tel qu'il eſt,
L'Hymen vient quand on l'appelle,
L'Amour vient quand il lui plaît.

Un Dieu de Fleuve & une Divinité de Fontaine, danſent & chantent enſemble.

D'Une conſtance extrême,
Un Ruiſſeau ſuit ſon cours ;
Il en ſera de même
Du choix de mes amours,
Et du moment que j'aime
C'eſt pour aimer toûjours.

Jamais un cœur volage
Ne trouve un heureux ſort,
Il n'a point l'avantage
D'être long-tems au port,
Il cherche encore l'orage
Au moment qu'il en ſort.

Chœur de Dieux, de Fleuves, & de Divinitez de Fontaines.

Un grand calme eſt trop fâcheux,
Nous aimons mieux la tourmente.

Que sert un cœur qui s'exempte
De tous les soins amoureux?
A quoi sert une eau dormante?
Un grand calme est trop fâcheux,
Nous aimons mieux la tourmente.

SCENE SIXIEME.

ATYS, TROUPE DE ZEPHIRS VOLANTS, SANGARIDE, CELÆNUS, LE DIEU DE FLEUVE SANGAR, TROUPE DE DIEUX DU FLEUVES, DE RUISSEAUX, ET DE DIVINITEZ DE FONTAINES.

Chœur de Dieux, de Fleuves, & de Fontaines.

VEnez former des nœuds charmants,
Atys, venez unir ces bien-heureux Amants.

ATYS.

Cet Hymen déplaît à Cybele,
Elle défend de l'achever:
Sangaride est un bien qu'il faut lui réserver?
Et que je demande pour elle.

Chœur.

Ah! quelle loi cruelle!

CELÆNUS.

Atys peut s'engager lui-même à me trahir?
Atys contre moi s'interesse?

ATYS.

Seigneur, je ſuis à la Déeſſe,
Dés qu'elle a commandé, je ne puis qu'obéir.

Le Dieu du Fleuve Sangar.

Pourquoi faut-il qu'elle ſépare
Deux illuſtres Amants pour qui l'Hymen prépare
Ses liens les plus doux ?

Chœur.

Oppoſons-nous
A ce deſſein barbare.

ATYS *élevé ſur un nuage.*

Aprenez, audacieux,
Qu'il n'eſt rien qui n'obéïſſe
Aux ſouveraines Loix de la Reine des Dieux.
Qu'on nous enleve de ces lieux ;
Zéphirs, que ſans tarder mon ordre s'accompliſſe,

Les Zéphirs volent, & enlevent Atys & Sangaride.

CHOEUR.

Quelle injuſtice !

Fin du quatriéme Acte.

ACTE CINQUIE'ME.

Le Théâtre change, & represente des Jardins agréables.

SCENE PREMIERE.

CELÆNUS, CYBELE, MELISSE.

CELÆNUS.

VOus m'ôter Sangaride? inhumaine Cybele;
Est-ce le prix du zéle
Que j'ai fait avec soin éclater à vos yeux?
Préparez-vous ainsi la douceur éternelle
Dont vous devez combler ces lieux?
Est-ce ainsi que les Rois sont protégez des Dieux?
Divinité cruelle,
Descendez-vous des Cieux
Pour troubler un amour fidelle?
Et pour venir m'ôter ce que j'aime le mieux.

CYBELE.

J'aimois Atys, l'Amour a fait mon injustice;
Il a pris soin de mon suplice;
Et si vous êtes outragé,
Bien-tôt vous serez trop vangé.
Atys adore Sangaride.

CELÆNUS.

Atys l'adore? ah! le perfide!

CYBELE.

L'Ingrat vous trahissoit, & vouloit me trahir:
Il s'est trompé lui-même en croiant m'éblouïr.
Les Zéphirs l'ont laissé seul, avec ce qu'il aime,
Dans ces aimables lieux;
Je m'y suis cachée à leurs yeux;
J'y viens d'être témoin de leur amour extrême.

CELÆNUS.

O Ciel! Atys plairoit aux yeux qui m'ont charmé?

CYBELE.

Eh! pouvez-vous douter qu'Atys ne soit aimé?
Non, non, jamais amour n'eût tant de violence,
Ils ont juré cent fois de s'aimer malgré nous,
Et de braver nôtre vengeance;
Ils nous ont appellez cruels, tyrans, jaloux;
Enfin leurs cœurs d'intelligence,
Tous deux... ah! je fremis au moment que j'y pense!

Tous deux s'abandonnoient à des transports si doux,
Que je n'ai pû garder plus long-tems le silence,
Ni retenir l'éclat de mon juste couroux.

CELÆNUS.

La mort est pour leur crime une peine legere.

CYBELE.

Mon cœur à les punir est assez engagé;
Je vous l'ai déja dit, croïez-en ma colere,
Bien-tôt vous serez trop vangé.

SCENE SECONDE.

ATYS, SANGARIDE, CYBELE, CELÆNUS, MELISSE, *Troupe de Prêtresses de Cybele.*

CYBELE, & CELÆNUS.

VEnez vous livrer au suplice.

ATYS, & SANGARIDE.

Quoi la Terre & le Ciel contre nous sont armez?
Souffrirez-vous qu'on nous punisse?

CYBELE, & CELÆNUS.

Oubliez-vous vôtre injustice?

ATYS, & SANGARIDE.

Ne vous souvient-il plus de nous avoir aimez?

CYBELE, & CELÆNUS.

Vous changez mon amour en haine légitime.

ATYS, & SANGARIDE.

Pouvez-vous condamner
L'Amour qui nous anime?
Si c'est un crime,
Quel crime est plus à pardonner?

CYBELE, & CELÆNUS.

Perfide deviez-vous me taire
Que c'étoit vainement que je voulois vous plaire?

ATYS, & SANGARIDE.

Ne pouvant suivre vos desirs,
Nous croions ne pouvoir mieux faire
Que de vous épargner de mortels déplaisirs.

CYBELE.

D'un suplice cruel craignez l'horreur extrême.

CYBELE, & CELÆNUS.

Craignez un funeste trépas.

ATYS, & SANGARIDE.

Vangez-vous, s'il le faut, ne me pardonnez pas,
Mais pardonnez à ce que j'aime.

CYBELE, & CELÆNUS.

C'est peu de nous trahir, vous nous bravez, ingrats?

ATYS, & SANGARIDE.

Serez-vous sans pitié?

CYBELE, & CELÆNUS.

Perdez toute esperance,

ATYS, & SANGARIDE.

L'Amour nous a forcez à vous faire une offense,
Il demande grace pour nous.

CYBELE, & CELÆNUS.

L'Amour en couroux
Demande vengeance.

CYBELE.

Toi, qui portes par tout & la rage & l'horreur,
Cesse de tourmenter les criminelles Ombres,
Viens, cruelle Alecton, sors des Roïaumes sombres,
Inspire au cœur d'Atys ta barbare fureur.

SCENE TROISIEME.

ALECTON, ATYS, SANGARIDE, CYBELE, CELÆNUS, MELISSE, IDAS, DORIS, TROUPE DE PRESTRESSES DE CYBELE, CHOEUR DE PHRYGIENS.

Alecton sort des Enfers, tenant à la main un Flambeau qu'elle secouë en volant, & en passant au-dessus d'Atys.

ATYS.

Ciel! quelle vapeur m'environne!
Tous mes sens sont troublez, je fremis, je frissonne,

Je tremble, & tout à coup, une infernale ardeur
Vient enflâmer mon sang, & devorer mon cœur.
Dieux! que vois-je? le Ciel s'armer contre la Terre?
Quel desordre! quel bruit! quel éclat de tonnerre!
Quels abîmes profonds sous mes pas sont ouverts!
Que de fantômes vains sont sortis des Enfers!

Il parle à Cybele, qu'il prend pour Sangaride.

Sangaride, ah! füiez la mort que vous prépare
Une Divinité barbare:
C'est vôtre seul péril qui cause ma terreur.

SANGARIDE.

Atys reconnoissez vôtre funeste erreur.

ATYS *prenant Sangaride pour un Monstre.*

Quel Monstre vient à nous! quelle fureur le guide?
Ah! respecte, cruel, l'aimable Sangaride.

SANGARIDE.

Atys, mon cher Atys.

ATYS.

Quels hurlemens affreux!

CELÆNUS *à Sangaride.*

Füiez, sauvez-vous de sa rage.

ATYS *tenant à la main le coûteau sacré qui sert aux Sacrifices.*

Il faut combattre; Amour, seconde mon courage.

ATYS *court aprés Sangaride qui fuït dans un des côtez du Théâtre.*

CELÆNUS, *& le Chœur.*

Arrête, arrête malheureux.

CELÆNUS *court aprés Atys.*

SANGARIDE *dans un des côtez du Théâtre.*

Atys !

Le Chœur.

O Ciel !

SANGARIDE.

Je meurs.

Le Chœur.

Atys, Atys lui-même
Fait périr ce qu'il aime !

CELÆNUS *revenant sur le Théâtre.*

Je n'ai pû retenir ses efforts furieux,
Sangaride expire à vos yeux.

CYBELE.

Atys me sacrifie une indigne Rivale.
Partagez avec moi la douceur sans égale,
Que l'on goûte en vengeant un amour outragé.
Je vous l'avois promis.

CELÆNUS.

O promesse fatale !
Sangaride n'est plus, & je suis trop vangé.

Celænus se retire au côté du Théâtre, où est Sangaride morte.

SCENE QUATRIEME.

ATYS, CYBELE, MELISSE, IDAS, CHOEUR DE PHRYGIENS.

ATYS.

Que je viens d'immoler une grande Victime!
Sangaride est sauvée, & c'est par ma valeur.

CYBELE *touchant Atys.*

Acheve ma vengeance, Atys, connois ton crime,
Et reprens ta raison pour sentir ton malheur.

ATYS.

Un calme heureux succede aux troubles de mon cœur.
Sangaride, Nymphe charmante,
Qu'êtes-vous devenuë, où puis-je avoir recours?
Divinité toute-puissante,
Cybele, aïez pitié de nos tendres amours,
Rendez-moi, Sangaride, épargnez ses beaux jours.

CYBELE *montrant à Atys Sangaride morte.*

Tu la peux voir, regarde.

ATYS.

Ah! quelle barbarie!
Sangaride a perdu la vie!
Ah! quelle main cruelle! ah! quel cœur inhumain!...

CYBELE.

Les coups dont elle meurt sont de ta propre main.

ATYS.

Moi, j'aurois immolé la Beauté qui m'enchante?
O Ciel! ma main sanglante
Est de ce crime horrible un témoin trop certain!

Le Chœur.

Atys, lui-même,
Fait périr ce qu'il aime.

ATYS.

Quoi, Sangaride est morte? Atys est son boureau!
Quelle vengeance, ô Dieux! quel supplice nouveau!
Quelles horreurs sont comparables
Aux horreurs que je sens?
Dieux cruels, Dieux impitoïables,
N'êtes-vous tout-puissans
Que pour faire des miserables?

CYBELE.

Atys, je vous ai trop aimé:
Cet amour par vous-même en couroux transformé
Fait voir encore sa violence:
Jugez, Ingrat, jugez en ce funeste jour,
De la grandeur de mon amour
Par la grandeur de ma vengeance.

ATYS.

Barbare! quel amour qui prend soin d'inventer
Les plus horribles maux que la rage peut faire!
Bienheureux qui peut éviter
Le malheur de vous plaire.
O Dieux! injustes Dieux! que n'êtes-vous mortels?

Faut-il

Faut-il que pour vous ſeuls vous gardiez la vengeance ?
C'eſt trop, c'eſt trop ſouffrir leur cruelle puiſſance,
Chaſſons-les d'ici bas, renverſons leurs autels.
Quoi, Sangaride eſt morte ? Atys, Atys lui-même
Fait périr ce qu'il aime.

Le Chœur.

Atys, Atys lui-même
Fait périr ce qu'il aime.

CYBELE *ordonnant d'emporter le corps de Sangaride morte.*

Otez ce triſte objet.

ATYS.

Ah! ne m'arrachez pas
Ce qui reſte de tant d'appas :
En fuſſiez-vous jalouſe encore,
Il faut que je l'adore
Juſques dans l'horreur du trépas.

SCENE CINQUIEME.

CYBELE, MELISSE.

CYBELE.

JE commence à trouver ſa peine trop cruelle,
Une tendre pitié rappelle
L'Amour que mon couroux croioit avoir banni,
Ma Rivale n'eſt plus, Atys n'eſt plus coupable,

Qu'il est aisé d'aimer un criminel aimable
Aprés l'avoir puni.
Que son desespoir m'épouvante !
Ses jours sont en péril, & j'en fremis d'éfroi :
Je veux d'un soin si cher ne me fier qu'à moi,
Allons . . mais quel spectacle à mes yeux se presente ?
C'est Atys mourant que je voi !

SCENE SIXIEME.

ATYS, IDAS, CYBELE, MELISSE
PRESTRESSES DE CYBELE.

IDAS *soûtenant Atys.*

Il s'est percé le sein, & mes soins pour sa vie
N'ont pû prévenir sa fureur.

CYBELE.

Ah ! c'est ma barbarie,
C'est moi, qui lui perce le cœur.

ATYS.

Je meurs, l'Amour me guide
Dans la nuit du trépas,
Je vais où sera Sangaride,
Inhumaine, je vais où vous ne serez pas.

CYBELE.

Atys, il est trop vrai, ma rigueur est extrême,
Plaignez-vous, je veux tout souffrir.

Pourquoi ſuis-je immortelle en vous voiant périr ?

ATYS, & CYBELE.

Il eſt doux de mourir
Avec ce que l'on aime.

CYBELE.

Que mon amour funeſte armé contre moi-même,
Ne peut-il vous vanger de toutes mes rigueurs.

ATYS.

Je ſuis aſſez vangé, vous m'aimez, & je meurs.

CYBELE.

Malgré le Deſtin implacable
Qui rend de ton trépas l'arrêt irrévocable,
Atys, ſois à jamais l'objet de mes amours :
Reprens un ſort nouveau, deviens un Arbre aimable
Que Cybele aimera toûjours.

ATYS *prend la forme de l'Arbre aimé de la Déeſſe Cybele, que l'on appelle Pin.*

CYBELE.

Venez furieux Corybantes,
Venez joindre à mes cris vos clameurs éclatantes ;
Venez, Nymphes des Eaux, venez Dieux des Forêts,
Par vos plaintes les plus touchantes
Secondez mes triſtes regrets.

SCENE SEPTIE'ME ET DERNIERE.

CYBELE, TROUPE DE NIMPHES DES EAUX, TROUPE DE DIVINITEZ DES BOIS, TROUPE DE CORYBANTES.

Six Dieux des Bois chantans.

Meſſieurs Langez, Frizon, Moreau, le Roy, Gingan cadet, & le Cointre.

Douze Corrybantes chantantes.

Meſſieurs Bernard, Perchot, Aubert, Serignan, Fernon l'aîné, Poyadon, Pulvigny, David, Aurat, Deveſlois, Lanneau, & Paiſible.

Quatre Corrybantes danſantes.

Monſieur de Beauchamps.
Meſſieurs Mayeux, Foignard cadet, & Joubert.

Deux Dieux des Bois danſans.

Meſſieurs Favier l'aîné, & Leſtang.

Dieux Nymphes danſantes.

Meſſieurs Bonnard, & Noblet.

CYBELE.

ATys, l'aimable Atys, avec tous ſes attraits,
Deſcend dans la nuit éternelle;

Mais malgré la mort cruelle,
L'Amour de Cybele
Ne mourra jamais.
Sous une nouvelle figure,
Atys est ranimé par mon pouvoir divin;
Célébrez son nouveau destin,
Pleurez sa funeste avanture.

Chœur des Nymphes des Eaux, & des Divinitez des Bois.

Célébrons son nouveau destin,
Pleurons sa funeste avanture.

CYBELE.

Que cet Arbre sacré
Soit révéré
De toute la Nature.
Qu'il s'éléve au-dessus des Arbres les plus beaux:
Qu'il soit voisin des Cieux, qu'il régne sur les Eaux;
Qu'il ne puisse brûler que d'une flâme pure.
Que cet Arbre sacré
Soit révéré
De toute la Nature.

Le Chœur répete ces trois derniers Vers.

CYBELE.

Que ses rameaux soient toûjours verds:
Que les plus rigoureux Hyvers
Ne leur fassent jamais d'injure,

Que cet Arbre sacré
Soit révéré
De toute la Nature.

Le Chœur répete ces trois derniers Vers.

CYBELE, *& le Chœur des Divinitez des Bois, & des Eaux.*

Quelle douleur !

CYBELE, *& le Chœur des Corybantes.*

Ah ! quelle rage !

CYBELE; *& les Chœurs.*

Ah ! quel malheur !

CYBELE.

Atys au printemps de son âge
Périt comme une fleur,
Qu'un soudain orage
Renverse & ravage.

CYBELE, *& le Chœur des Divinitez des Bois, & des Eaux.*

Quelle douleur !

CYBELE, *& le Chœur des Corybantes.*

Ah ! quelle rage !

CYBELE, *& les Chœurs.*

Ah ! quel malheur !

Les Divinitez des Bois & des Eaux, avec les Corybantes, honorent le nouvel Arbre, & le consacrent à Cybele. Les regrets des Divinitez des Bois & Eaux, &

les cris des Corybantes, ſont ſecondez & terminez par des tremblemens de Terre, par des Eclairs, & par des éclats de Tonnerre.

CYBELE, *& le Chœur des Divinitez des Bois, & des Eaux.*

Que le malheur d'Atys afflige tout le monde.

CYBELE, *& le Chœur des Corybantes.*

Que tout ſente, ici bas,
L'horreur d'un ſi cruel trépas.

CYBELE, *& le Chœur des Divinitez des Bois, & des Eaux.*

Pénétrons tous les Cœurs d'une douleur profonde :
Que les Bois, que les Eaux, perdent tous leurs appas.

CYBELE, *& le Chœur des Corybantes.*

Que le Tonnerre nous réponde :
Que la Terre fremiſſe, & tremble ſous nos pas.

CYBELE, *& le Chœur des Divinitez des Bois, & des Eaux.*

Que le malheur d'Atys afflige tout le monde.

Tous enſemble.

Que tout ſente, ici bas,
L'horreur d'un ſi cruel trépas.

Fin du cinquiéme & dernier Acte.

www.ingramcontent.com/pod-product-compliance
Ingram Content Group UK Ltd.
Pitfield, Milton Keynes, MK11 3LW, UK
UKHW021111290826
14628UKWH00014B/1602

9 782329 577784